Impressum
Verlag: BABADADA GmbH, Nedderfeld 112 , 22529 Hamburg
Geschäftsführer / Verlagsleitung: Harald Hof
Druck: Books on Demand GmbH, In de Tarpen 42, 22848 Norderstedt

Imprint
Publisher: BABADADA GmbH, Nedderfeld 112 , 22529 Hamburg, Germany
Managing Director / Publishing direction: Harald Hof
Print: Books on Demand GmbH, In de Tarpen 42, 22848 Norderstedt

sekolah

skola

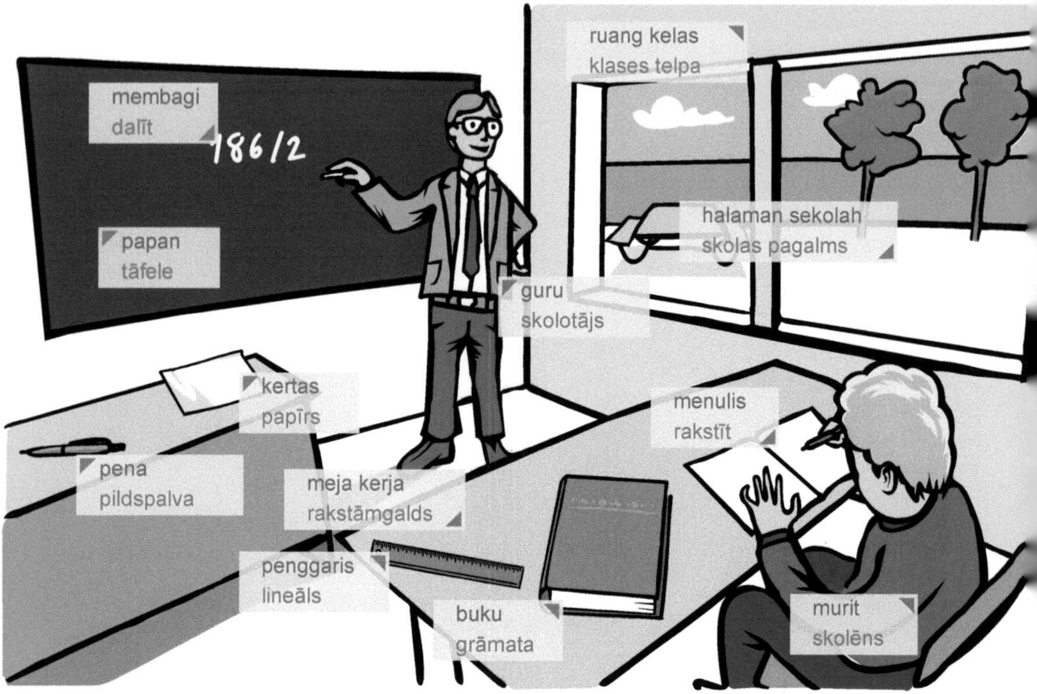
ruang kelas
klases telpa
membagi
dalīt
186/2
papan
tāfele
halaman sekolah
skolas pagalms
guru
skolotājs
kertas
papīrs
menulis
rakstīt
pena
pildspalva
meja kerja
rakstāmgalds
penggaris
lineāls
buku
grāmata
murit
skolēns

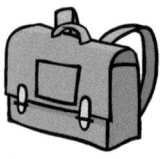

tas sekolah

skolas soma

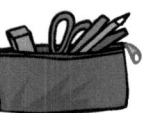

tempat pensil

penālis

pensil

zīmulis

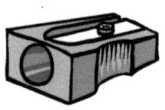

pengasah pensil

zīmuļu asināmais

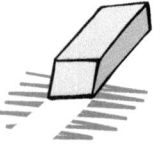

penghapus

dzēšgumija

kertas gambar

zīmēšanas bloks

gambar

zīmējums

kuas

ota

kotak cat

krāsas

gunting

šķēres

lem

līme

buku latihan

darba burtnīca

pekerjaan rumah

mājas darbs

12

angka

skaitlis

2+2

tambhakan

saskaitīt

5-2

mengurangi

atņemt

2×2

mengalikan

reizināt

menghitung

rēķināt

A

huruf

burts

ABCDEFG HIJKLMN OPQRSTU VWXYZ

alfabet

alfabēts

hello

kata

vārds

teks

teksts

membaca

lasīt

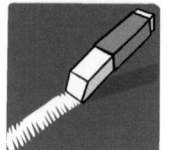

kapur

krīts

pelajaran

mācību stunda

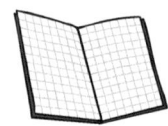

daftar

žurnāls

ujian

eksāmens

sertifikat

liecība

seragam sekolah

skolas forma

pendidikan

izglītība

ensiklopedi

enciklopēdija

universitas

universitāte

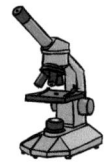

mikroskop

mikroskops

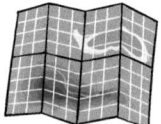

peta

karte

tempat sampah

papīrgrozs

perjalanan
ceļojums

hotel
viesnīca
Grand
hostel
hostelis
ROOMS
antor pertukaran mata uang
alūtas maiņas punkts
CHANGE
koper
čemodāns
mobil
automašīna

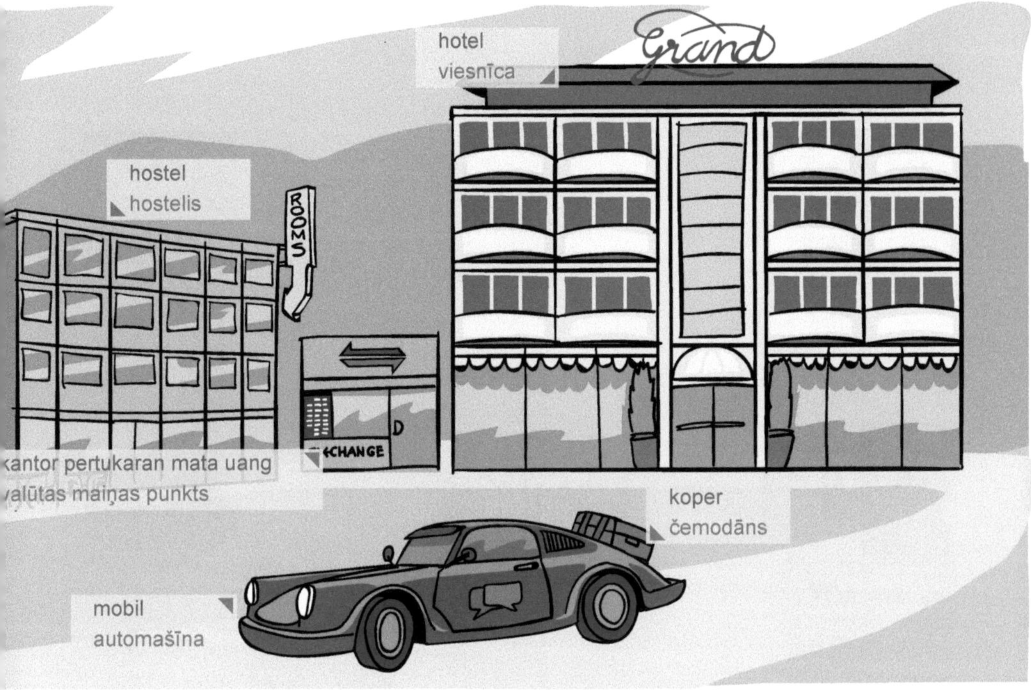

bahasa
Valoda

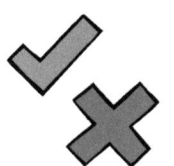

ya / tidak
jā / nē

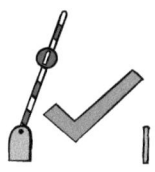

okay
Okay

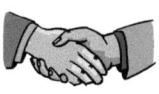

hallo
Sveiki!

penerjemah
tulks

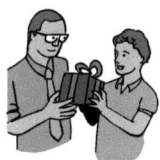

terima kasih
paldies

Berapa harganya...?
Cik maksā...?

saya tidak mengerti
Es nesaprotu

masalah
problēma

Selamat malam!
Labvakar!

Selamat siang!
Labrīt!

Selamat tidur!
Ar labu nakti!

sampai jumpa
Uz redzēšanos

arah
virziens

bagasi
bagāža

tas
soma

ransel
mugursoma

tamu
viesis

ruang
istaba

kantong tidur
guļammaiss

tenda
telts

perjalanan - ceļojums

informasi wisata

tūrisma informācija

pantai

pludmale

kartu kredit

kredītkarte

sarapan

brokastis

makan siang

pusdienas

makan malam

vakariņas

tiket

biļete

elevator

lifts

perangko

pastmarka

perbatasan

robeža

cukai

muita

kedutaan

vēstniecība

visa

vīza

paspor

pase

transportasi
transports

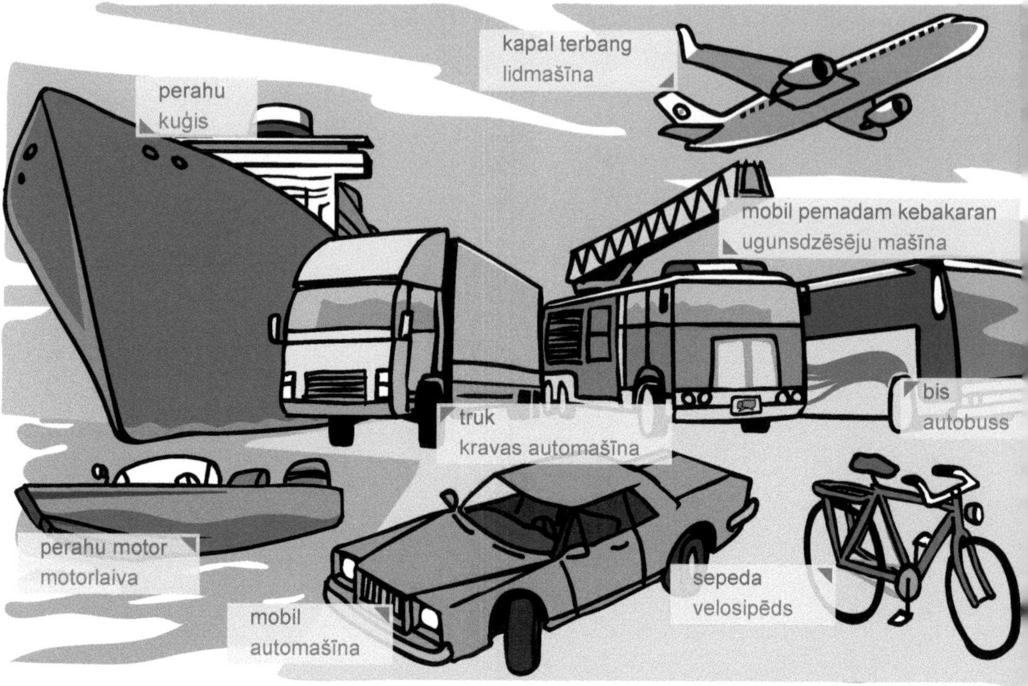
kapal terbang
lidmašīna
perahu
kuģis
mobil pemadam kebakaran
ugunsdzēsēju mašīna
bis
autobuss
truk
kravas automašīna
perahu motor
motorlaiva
sepeda
velosipēds
mobil
automašīna

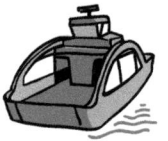

feri
prāmis

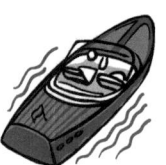

perahu
laiva

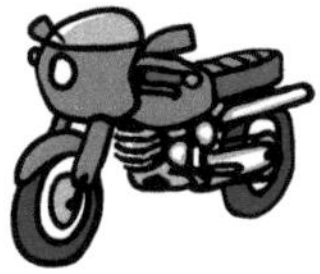

sepeda motor
motocikls

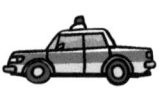

mobil polisi
policijas automašīna

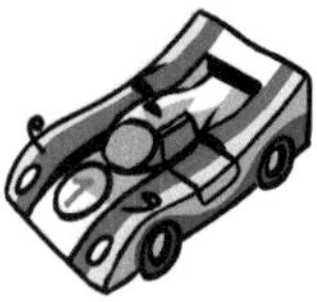

mobil balapan
sacīkšu automobilis

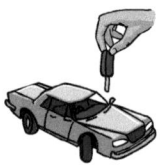

mobil sewa
nomas auto

berbagi mobil

auto koplietošana

truk derek

evakuators

truk sampah

atkritumu mašīna

motor

dzinējs

bahan bakar

benzīns

bensin

degvielas uzpildes stacija

tanda lalulintas

ceļa zīme

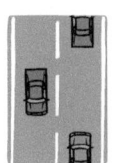

lalulintas

satiksme

macet

sastrēgums

parkir mobil

stāvvieta

stasiun kereta

dzelzceļa stacija

trek

sliedes

kereta api

vilciens

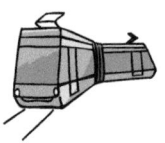

tram

tramvajs

gerobak

vagons

transportasi - transports

9

helikopter

helikopters

bendara

lidosta

menara

tornis

penumpang

pasažieris

container

konteiners

karton

kaste

troli

ratiņi

keranjang

grozs

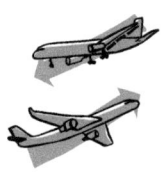

berangkat / mendarat

pacelties / nosēsties

kota
pilsēta

desa

ciems

pusat kota

pilsētas centrs

rumah

māja

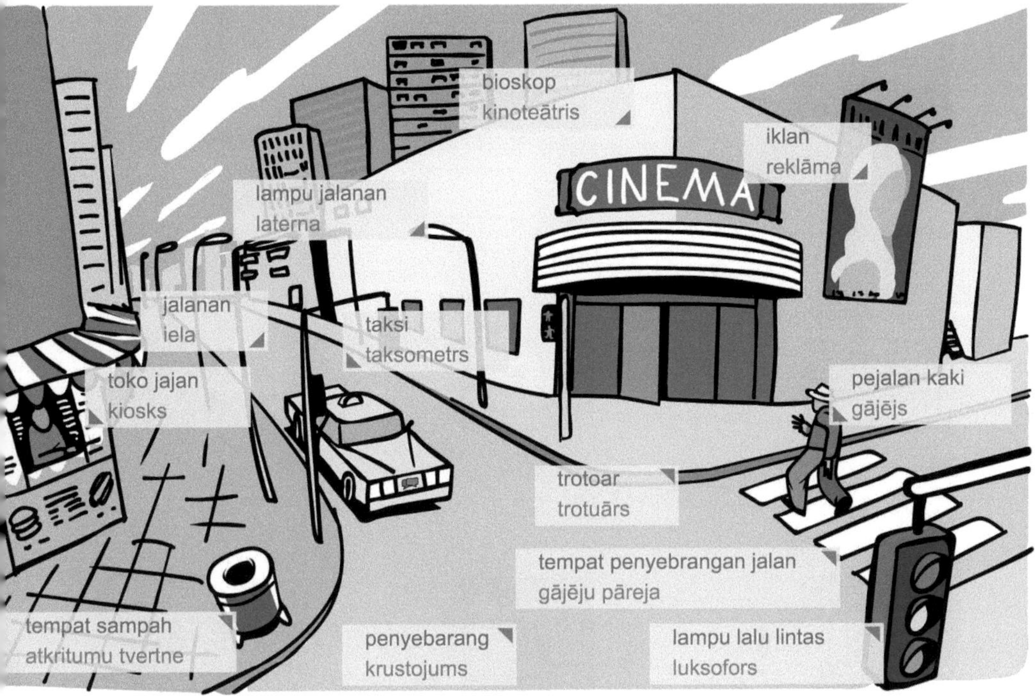

bioskop
kinoteātris

iklan
reklāma

lampu jalanan
laterna

CINEMA

jalanan
iela

taksi
taksometrs

toko jajan
kiosks

pejalan kaki
gājējs

trotoar
trotuārs

tempat penyebrangan jalan
gājēju pāreja

tempat sampah
atkritumu tvertne

penyebarang
krustojums

lampu lalu lintas
luksofors

gubuk

būda

rumah flat

dzīvoklis

stasiun kereta

dzelzceļa stacija

balai kota

rātsnams

museum

muzejs

sekolah

skola

kota - pilsēta

universitas

universitāte

bank

banka

rumah sakit

slimnīca

hotel

viesnīca

farmasi

aptieka

kantor

birojs

toko buku

grāmatnīca

toko

veikals

toko bunga

ziedu veikals

supermarket

lielveikals

pasar

tirgus

toko serba ada

tirdzniecības centrs

nelayan

zivju tirgotājs

pusat belanja

tirdzniecības centrs

pelabuhan

osta

taman

parks

banku

sols

jembatan

tilts

tangga

kāpnes

kereta bawah tanah

metro

terowongan

tunelis

pemberhantian bis

autobusa pieturvieta

bar

bārs

restauran

restorāns

kotak surat

pastkastīte

tanda jalan

ielas nosaukuma plāksne

meteran parkir

stāvlaika skaitītājs

kebun binatang

zooloģiskais dārzs

kolam renang

peldbaseins

mesjid

mošeja

pertanian

zemnieku saimniecība

polusi

vides piesārņojums

kuburan

kapsēta

gereja

baznīca

tempat bermain

spēļu laukums

pura

templis

pemandangan
ainava

daun
lapa

penunjuk arah
ceļrādis

jalanan
ceļš

padang rumput
pļava

batu
akmens

pejalak kaki
ceļotājs

pohon
koks

sungai
upe

rumput
zāle

bunga
puķe

lembah

ieleja

bukit

kalns

danau

ezers

hutan

mežs

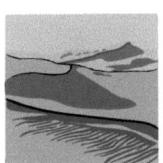

padang gurun

tuksnesis

gunung berapi

vulkāns

istana

pils

pelangi

varavīksne

jamur

sēne

pohon palem

palma

nyamuk

moskīts

lalat

muša

semut

skudra

lebah

bite

laba-laba

zirneklis

kumbang

vabole

kodok

varde

tupai

vāvere

landak

ezis

kelinci

zaķis

burung hantu

pūce

burung

putns

angsa

gulbis

babi jantan

meža cūka

rusa

briedis

rusa

alnis

bendungan

aizsprosts

turbin angin

vēja ģenerators

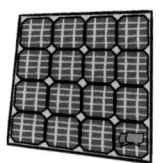

panel surya

saules baterija

iklim

klimats

restauran
restorāns

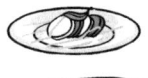

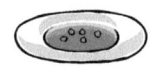

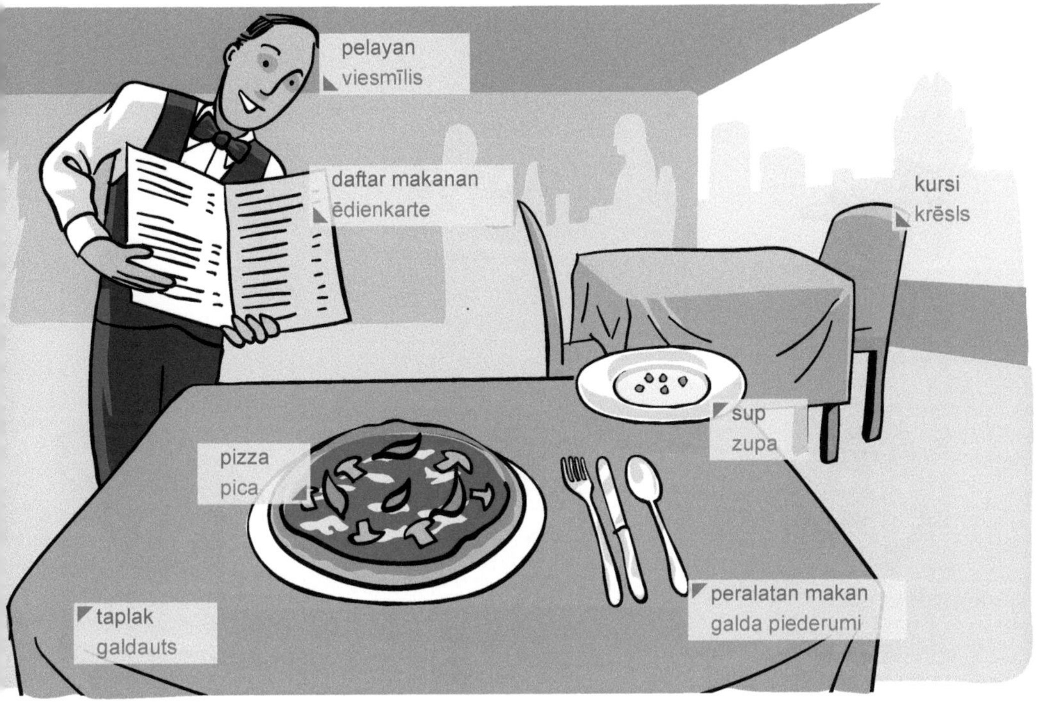
pelayan
viesmīlis
daftar makanan
ēdienkarte
kursi
krēsls
sup
zupa
pizza
pica
taplak
galdauts
peralatan makan
galda piederumi

hindangan pembuka

uzkoda

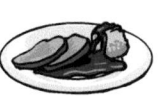

hidangan utama

pamatēdiens

hidangan penutup

deserts

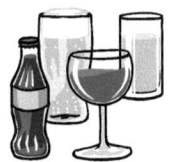

minuman

dzērieni

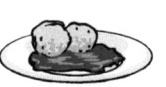

makanan

ēdiens

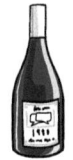

botol

pudele

fastfood

ātrās uzkodas

masakan jalanan

ielu uzkodas

teko teh

tējkanna

kaleng gula

cukurtrauks

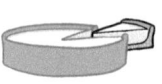

porsi

porcija

mesin espresso

espresso kafijas automāts

kursi tinggi

bāra krēsls

tagihan

rēķins

baki

paplāte

pisau

nazis

garpu

dakša

sendok

karote

sendok teh

tējkarote

serbet

salvete

gelas

glāze

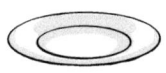

piring

škīvis

piring sup

zupas škīvis

lepek

apakštase

saus

mērce

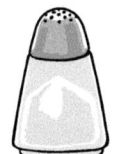

tempat garam

sāls trauciņš

gilingan merica

piparu dzirnaviņas

cuka

etiķis

minyak

eļļa

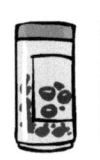

bumbu

garšvielas

saus tomat

kečups

mustar

sinepes

mayones

majonēze

supermarket
lielveikals

penawaran khusus
piedāvājums
klien
klients
FOR
produk susu
piena produkti
buah
augļi
troli
iepirkumu ratiņi

BUTCHERS

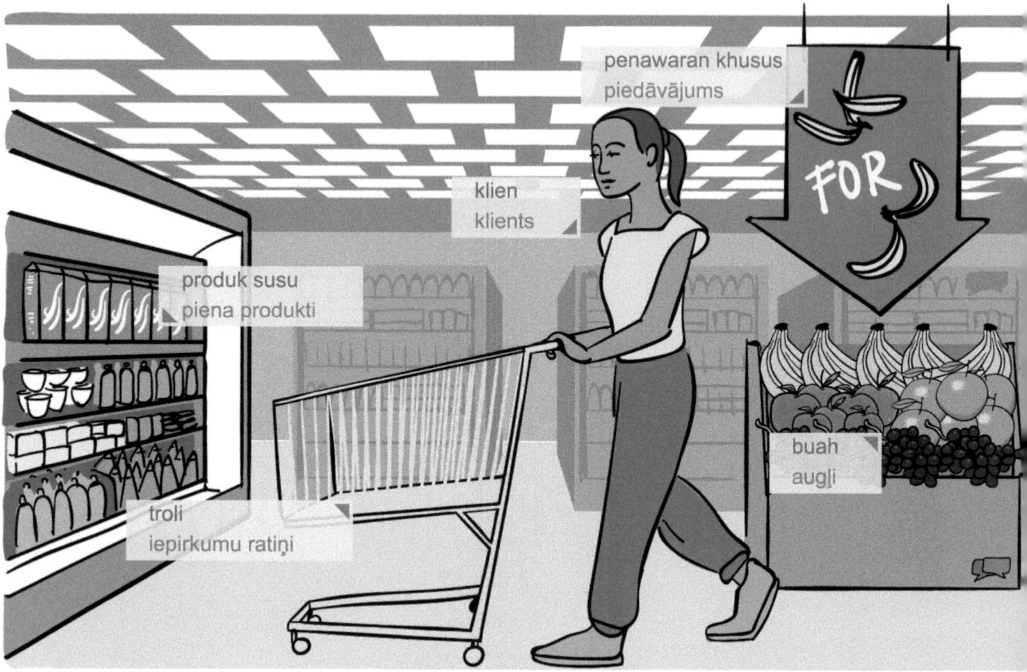

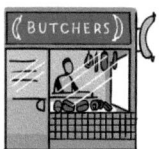

pembantai

kautuve

BAKERY

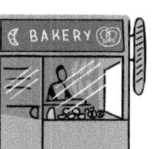

toko roti

maizes veikals

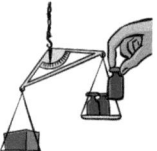

menimbang

svērt

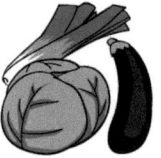

sayur

dārzeņi

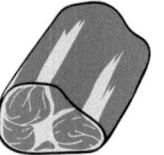

daging

gaļa

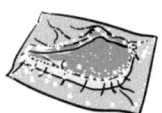

makanan beku

saldēti produkti

pemotongan dingin

ukstās gaļas uzkodas

makanan kaleng

konservi

sabun serbuk

pulveris

permen

saldumi

alat-alat rumah tangga

mājsaimniecības preces

obat pembersihan

tīrīšanas līdzeklis

penjual

pārdevēja

kasa

kase

kasir

kasieris

daftar belanja

iepirkumu saraksts

jam buka

darba laiks

dompet

maks

kartu kredit

kredītkarte

tas

soma

kantong plastik

maisiņš

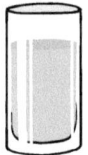

air

ūdens

jus

sula

susu

piens

cola

kola

anggur

vīns

bir

alus

alkohol

alkohols

coklat

kakao

teh

tēja

kopi

kafija

espresso

espresso

cappucino

kapučīno

pisang

banāns

apel

ābols

jeruk

apelsīns

semangka

melone

jeruk lemon

citrons

wortel

burkāns

bawang putih

ķiploks

bambu

bambuss

bawang bombai

sīpols

jamur

sēne

kacang

rieksti

mi

makaroni

spagetti

spageti

nasi

rīsi

salat

salāti

kentang goreng

frī kartupeļi

kentang goreng

cepti kartupeļi

pizza

pica

hamburger

hamburgers

sandwich

sviestmaize

sayatan

šnicele

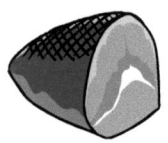

ham

šķiņķis

salami

salami

sosis

desa

ayam

vista

menggoreng

cepetis

ikan

zivs

bubur gandum
....
auzu pārslas

sereal
....
muslis

cornflakes
....
brokastu pārslas

tepung
....
milti

croissant
....
radziņš

roti
....
brokastu maizītes

roti
....
maize

toast
....
tostermaize

biskuit
....
cepumi

mentega
....
sviests

dadih
....
biezpiens

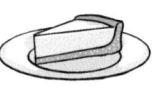

kue
....
kūka

telur
....
ola

telur goreng
....
cepta ola

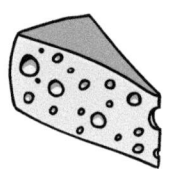

keju
....
siers

eskrim

saldējums

gula

cukurs

madu

medus

selai

marmelāde

krim nugat

riekstu krēms

kare

karijs

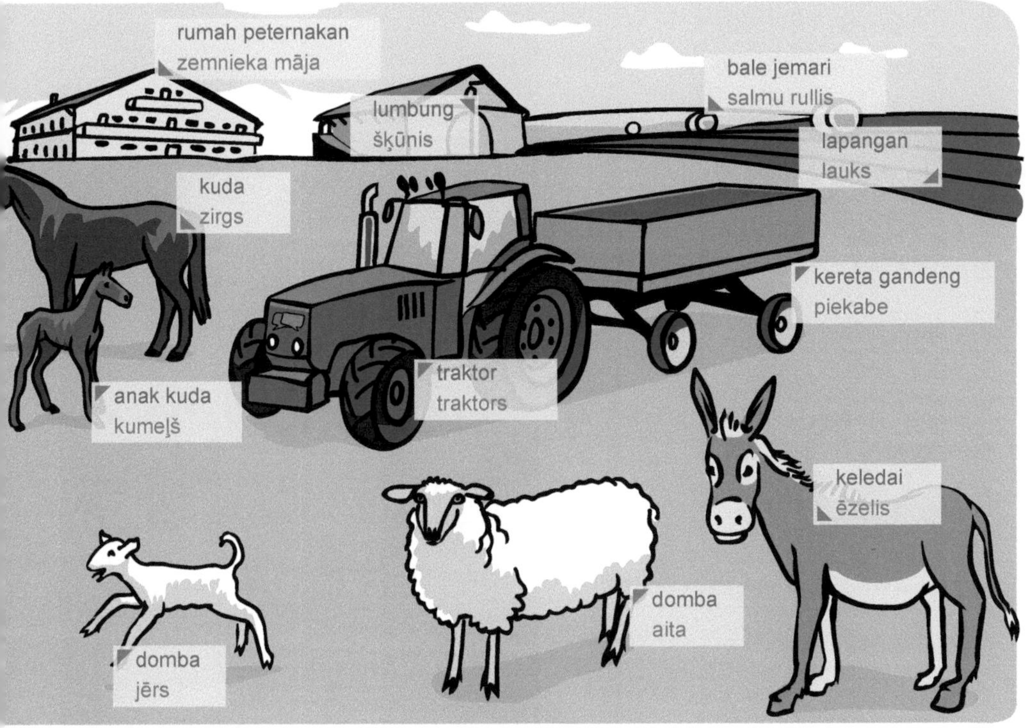

rumah peternakan
zemnieka māja

lumbung
šķūnis

bale jemari
salmu rullis

lapangan
lauks

kuda
zirgs

kereta gandeng
piekabe

anak kuda
kumeļš

traktor
traktors

keledai
ēzelis

domba
jērs

domba
aita

kambing

kaza

sapi

govs

betis

teļš

babi

cūka

celeng

sivēns

banteng

bullis

angsa

zoss

bebek

pīle

anak ayam

cālis

ayam

vista

ayam jantan

gailis

tikus

žurka

kucing

kaķis

tikus

pele

lembu

vērsis

anjing

suns

rumah anjing

suņa būda

selang

dārza šļūtene

penyiram

lejkanna

sabit

izkapts

bajak

arkls

sabit

sirpis

cangkul

kaplis

garpu rumput

mēslu dakša

kapak

cirvis

gerobak

ķerra

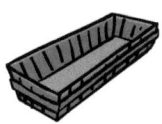

palung

sile

kaleng susu

piena kanna

karung

maiss

pagar

žogs

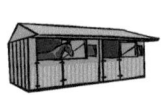

kandang

kūts

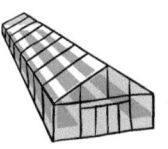

rumah kaca

siltumnīca

tanah

augsne

benih

sēklas

pupuk

mēslojums

mesin pemanen

kombains

panen

novākt ražu

panen

raža

yams

jamss

gandum

kvieši

kedelai

soja

kentang

kartupelis

jagung

kukurūza

lobak

rapsis

pohon buah

augļu koks

singkong

manioka

sereal

labība

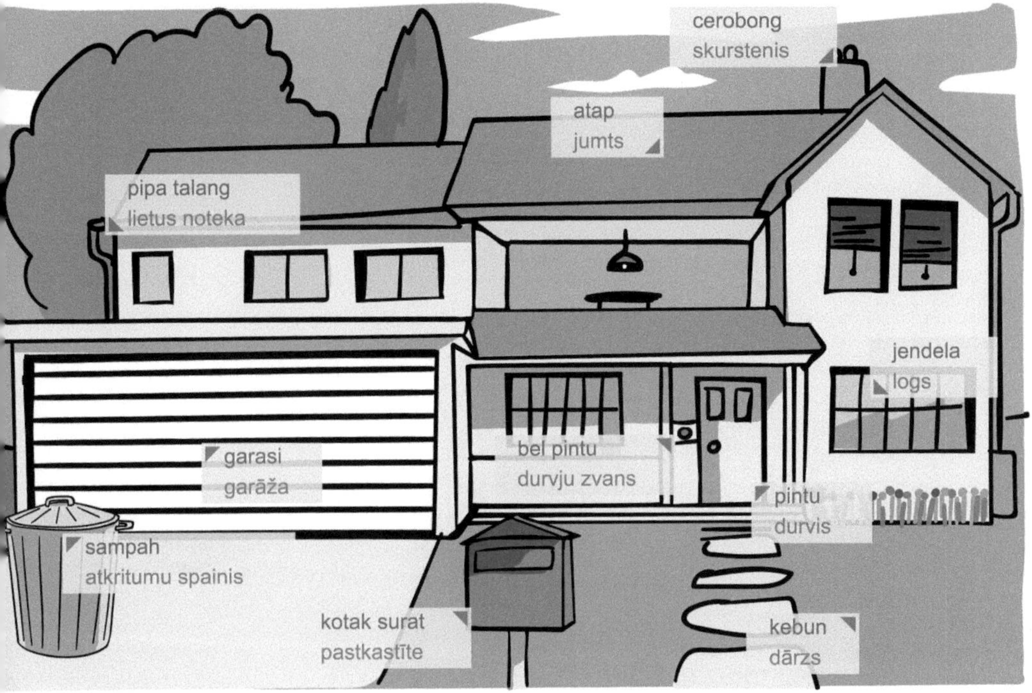

cerobong
skurstenis

atap
jumts

pipa talang
lietus noteka

jendela
logs

garasi
garāža

bel pintu
durvju zvans

pintu
durvis

sampah
atkritumu spainis

kotak surat
pastkastīte

kebun
dārzs

ruang tamu

viesistaba

kamar mandi

vannas istaba

dapur

virtuve

kamar tidur

guļamistaba

kamar anak

bērnu istaba

kamar makan

ēdamistaba

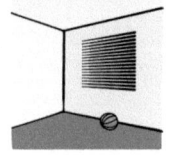

lantai

grīda

tembok

siena

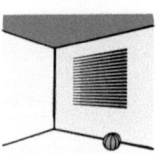

atap

griesti

gudang di bawah tanah

pagrabs

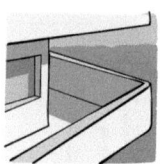

sauna

sauna

balkon

balkons

teras

terase

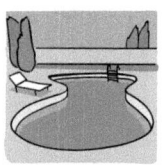

kolam renang

baseins

mesin pemotong rumput

zāles pļāvējs

sprei

gultas veļa

selimut

sega

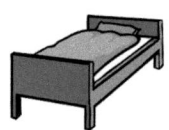

tempat tidur

gulta

sapu

slota

ember

spainis

tombol

slēdzis

ruang tamu
viesistaba

kertas dinding
tapetes
gambar
attēls
lampu
lampa
rak
plaukts
kabinet
skapis
televisi
televizors
perapian
kamīns
bunga
puķe
bantal
spilvens
sofa
dīvāns
vas
vāze
remote control
tālvadības pults

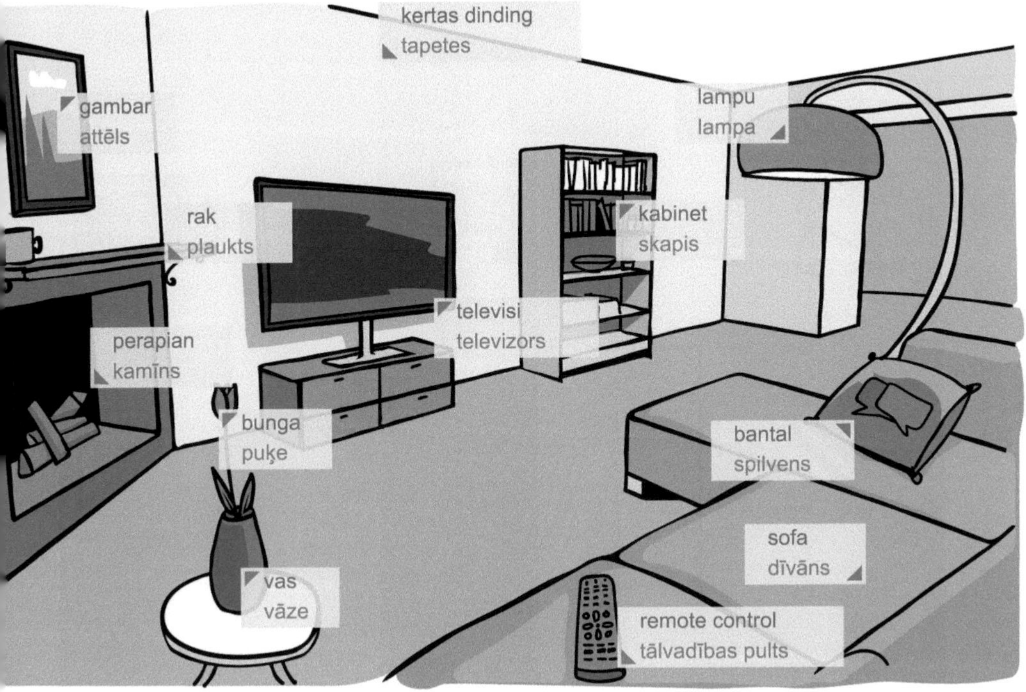

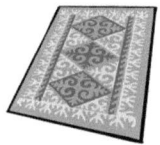

karpet
paklājs

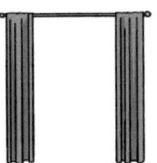

korden
aizkars

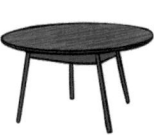

meja
galds

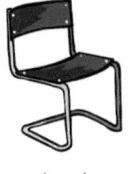

kursi
krēsls

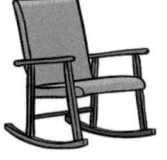

kursi goyang
šūpuļkrēsls

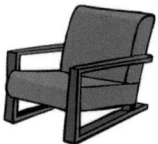

kursi malas
atpūtas krēsls

buku

grāmata

selimut

sega

dekorasi

dekorācija

kayu bakar

malka

filem

filma

hi-fi

mūzikas centrs

kunci

atslēga

koran

avīze

lukisan

glezna

poster

plakāts

radio

radio

buku tulis

pierakstu blociņš

penyedot debu

putekļu sūcējs

kaktus

kaktuss

lilin

svece

dapur
virtuve

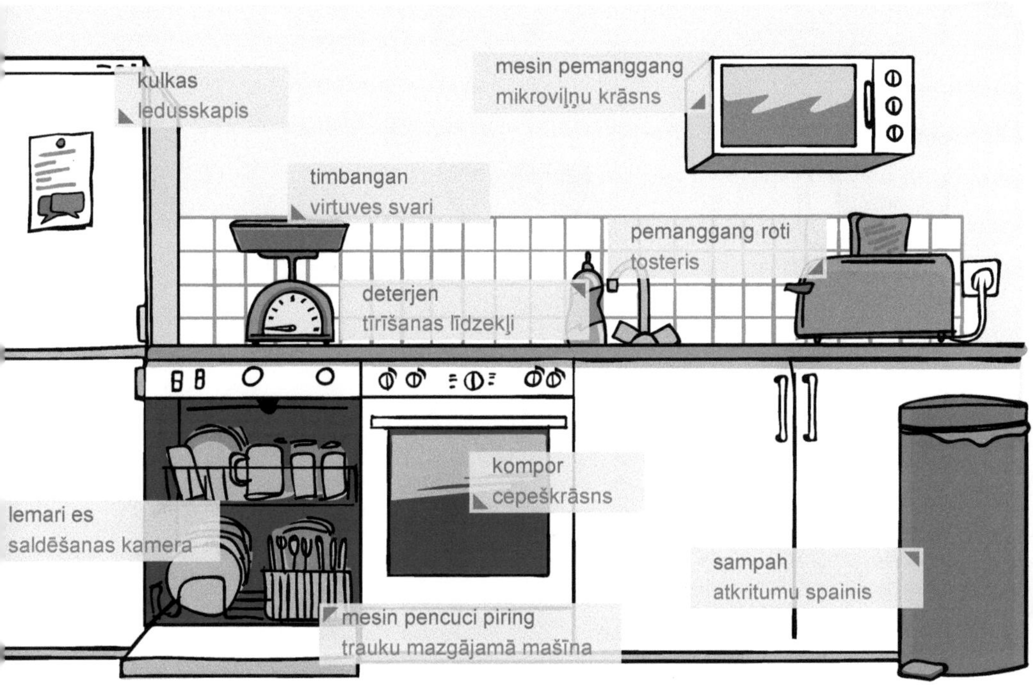
kulkas
ledusskapis
mesin pemanggang
mikroviļņu krāsns
timbangan
virtuves svari
pemanggang roti
tosteris
deterjen
tīrīšanas līdzekļi
kompor
cepeškrāsns
lemari es
saldēšanas kamera
sampah
atkritumu spainis
mesin pencuci piring
trauku mazgājamā mašīna

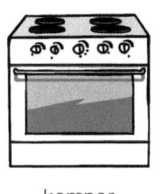

kompor

plīts

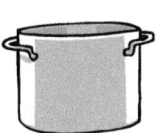

panci

pods

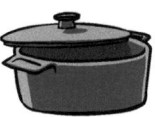

panci besi

katls

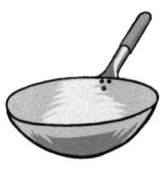

wajan

Wok panna

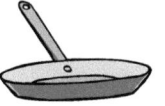

panci

panna

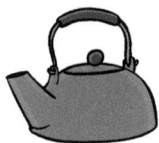

pemanas air

elektriskā tējkanna

panci pengukus makanan

tvaika katls

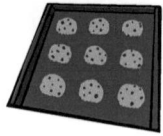

nampan

cepešpanna

piring

trauki

cangkir

krūze

mangkok

bļoda

sumpit

irbulīši

sendok sup

kauss

sudip

lāpstiņa

mengocok

putošanas slotiņa

saringan

sietiņš

saringan

siets

parutan

rīve

mortir

piesta

barbeque

grilēt

api terbuka

atklāts pavards

dapur - virtuve

papan memotong

dēlis

gilingan

mīklas rullis

alat pembuka botol

korķu viļķis

kaleng

bundža

pembuka kaleng

konservu nazis

pegangan panci

virtuves cimdi

wastafel

izlietne

sikat

birste

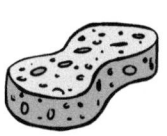

busa

sūklis

mesin pencampur

mikseris

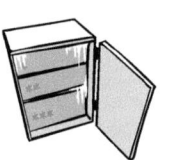

lemari es

saldētava

botol bayi

bērna pudelīte

keran

ūdenskrāns

kamar mandi
vannas istaba

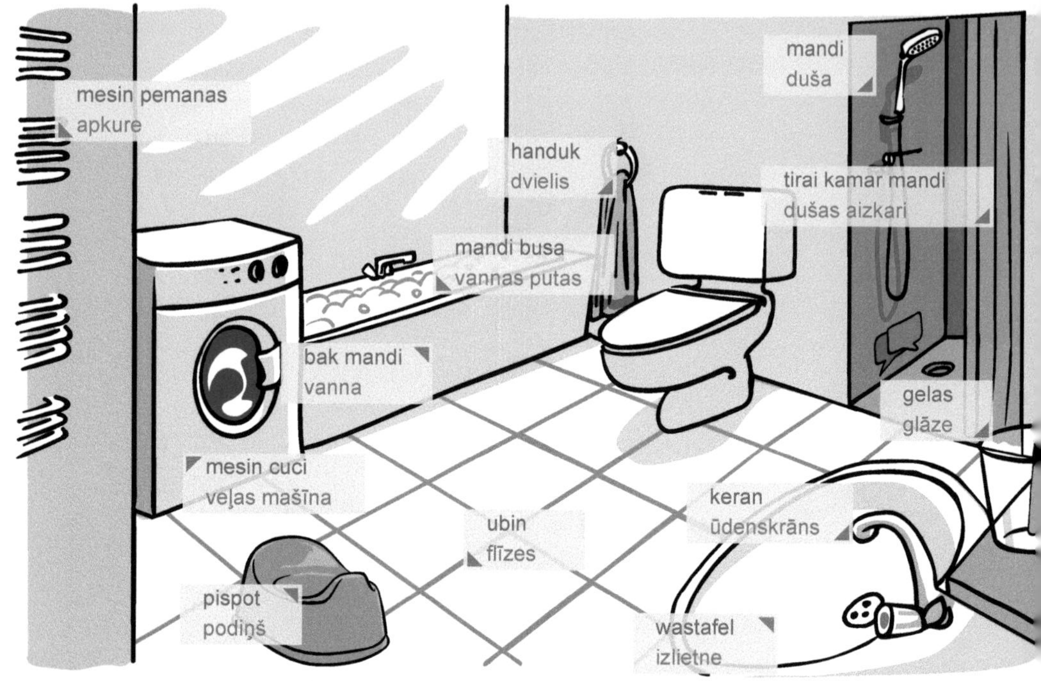

mesin pemanas
apkure
mandi
duša
handuk
dvielis
tirai kamar mandi
dušas aizkari
mandi busa
vannas putas
bak mandi
vanna
gelas
glāze
mesin cuci
veļas mašīna
keran
ūdenskrāns
ubin
flīzes
pispot
podiņš
wastafel
izlietne

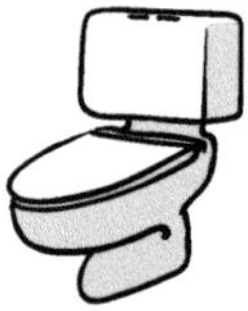

toilet

tualetes pods

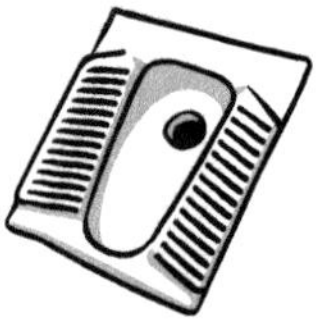

toilet jongkok

Āzijas tipa tualete

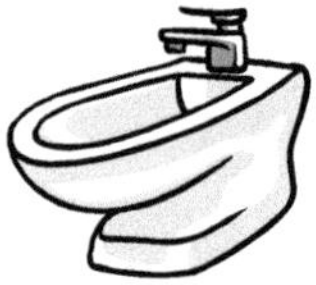

bidet

bidē

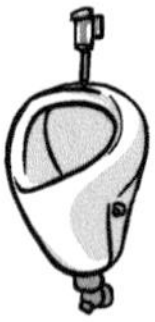

pissoir

pisuārs

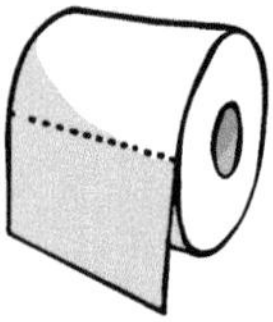

kertas toilet

tualetes papīs

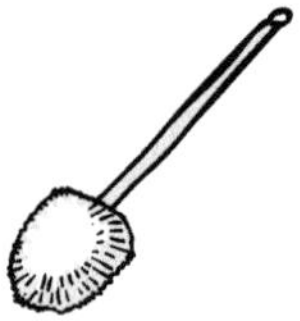

sikat toilet

tualetes birste

sikat gigi

zobu birste

pasta gigi

zobu pasta

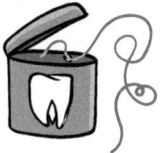

benang gigi

zobu diegs

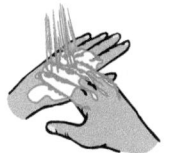

menyuci

mazgāt

pancuran tangan

rokas duša

pancuran

duša

bak

bļoda

sikat punggung

muguras mazgāšanas birste

sabun

ziepes

gel mandi

dušas želeja

sampo

šampūns

planel

mazgāšanas drāna

kuras

noteka

krim

krēms

deodoran

dezodorants

kaca

spogulis

cermin tangan

spogulītis

pisau cukur

skuveklis

busa cukur

skūšanās putas

aftershave

losjons pēc skūšanās

sisir

ķemme

sikat

matu suka

alat pengering rambut

matu fēns

semprot rambut

matu laka

makeup

grima komplekts

lipstik

lūpu krāsa

cat kuku

nagulaka

kapas

vate

gunting kuku

šķērītes

minyak wangi

smaržas

kantong pencuci

kosmētikas maks

bangku

ķeblītis

timbangan

svari

mantel mandi

halāts

sarung tangan karet

tīrīšanas cimdi

tampon

tampons

handuk pembalut

pakete

toilet kimia

ķīmiskā tualete

kamar anak
bērnu istaba

jam alarm
modinātājs
boneka tidur
mīkstā rotaļlieta
mobil-mobilan
spēļu automašīna
kelintung
grabulis
rumah boneka
leļļu māja
kado
dāvana

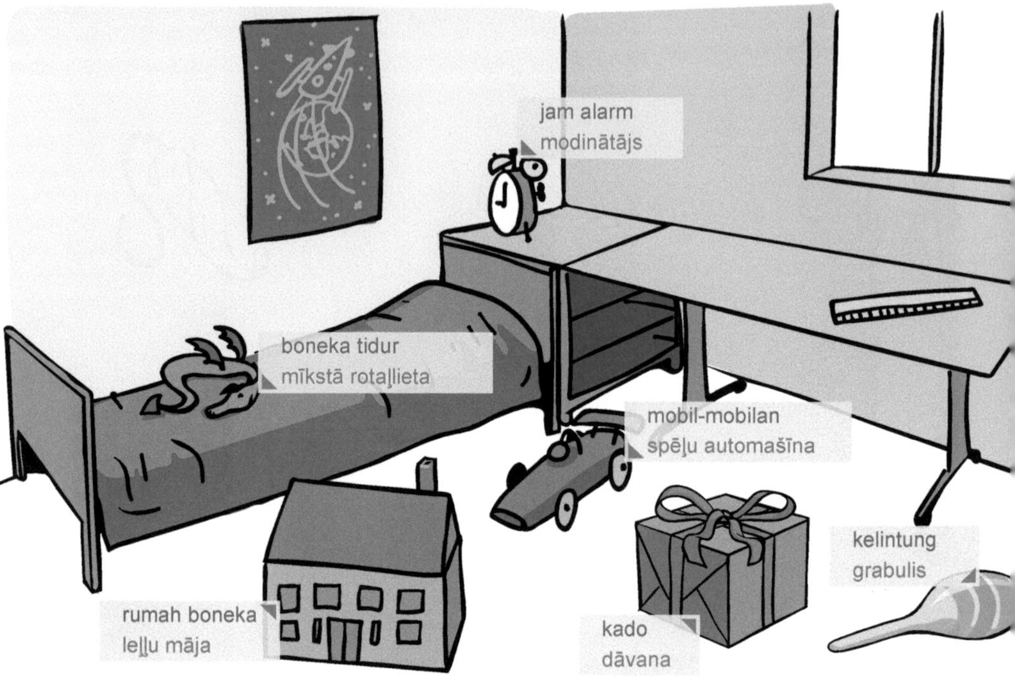

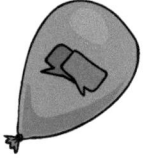

balon

balons

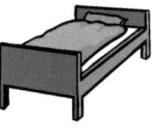

tempat tidur

gulta

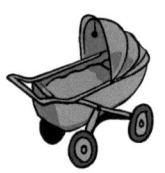

kereta bayi

bērnu ratiņi

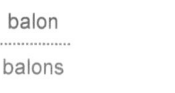

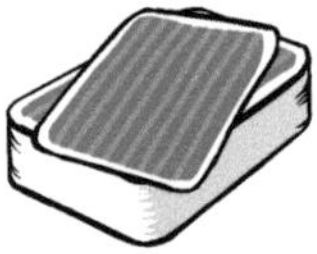

mainan kartu

kārtis

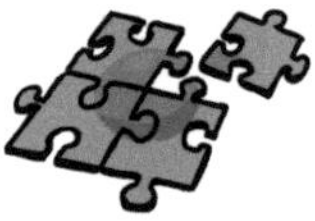

teka-teki

puzle

komik

komikss

mainan lego

LEGO klucīši

blok mainan

klucīši

figur aksi

varoņu figūra

baju monyet

rāpulītis

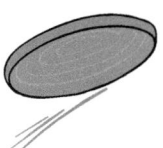

frisbee

lidojošais šķīvītis

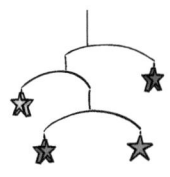

mobile

muzikālais karuselis

permainan papan

galda spēle

dadu

metamais kauliņš

set model kreta api

rotaļu dzelzceļš

dot

māneklis

pesta

ballīte

buku gambar

bilžu grāmata

bola

bumba

boneka

lelle

bermain

spēlēt

tempat main pasir

smilšu kaste

ayunan

šūpoles

mainan

rotaļlietas

video game konsol

spēļu konsole

sepeda roda tiga

trīsritenis

teddy

plīša lācītis

lemari pakaian

drēbju skapis

pakaian
apģērbs

kaos kaki

īszeķes

kaos kaki

zeķes

baju ketat

zeķbikses

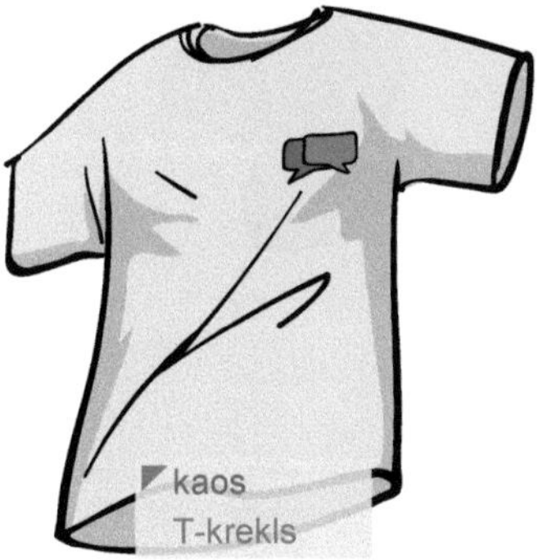

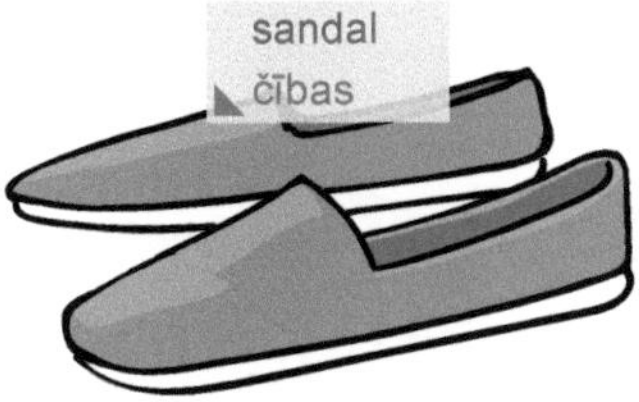

syal
šalle

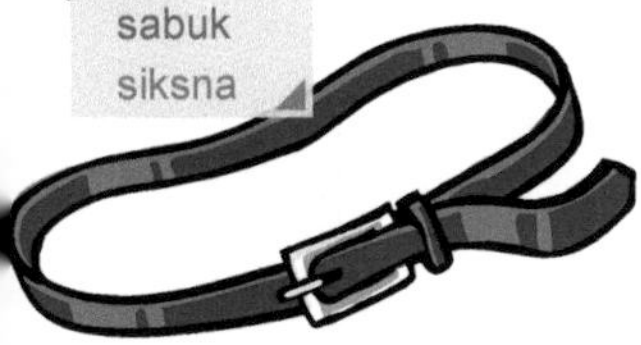

payung
lietussargs

kaos
T-krekls

sabuk
siksna

sepatu bot
zābaks

sandal
čības

sepatu
botas

sandal	sepatu	sepatu bot karet
sandales	kurpes	gumijas zābaki
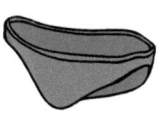		
celana dalam	BH	baju rompi
apakšbikses	krūšturis	apakškrekls

body	celana	jeans
bodijs	bikses	džinsi

rok	blus	kemeja
svārki	blūze	krekls

aket berkerudung	sweater	jaket
pulovers	džemperis	žakete

jaket	mantel	jas hujan
jaka	mētelis	lietus mētelis

kostum	gaun	gaun pengantin
kostīms	kleita	kāzu kleita

setelan resmi

uzvalks

gaun tidur

naktskrekls

piyama

pidžama

sari

sari

jilbab

lakats

turban

turbāns

burka

burka

kaftan

kaftāns

abaya

abaja

pakaian renang

peldkostīms

celana renang

peldbikses

celana pendek

šorti

olah raga

treniņtērps

celemek

priekšauts

sarung tangan

cimdi

kancing

poga

kacamata

brilles

gelang

rokassprādze

kalung

kaklarota

cincin

gredzens

anting

auskars

topi

cepure

gantungan mantel

drēbju pakaramais

topi

platmale

dasi

kaklasaite

ritsleting

rāvējslēdzējs

helm

ķivere

tali selempang

bikšturi

seragam sekolah

skolas forma

seragam

uniforma

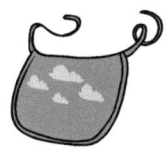

oto

priekšautiņš

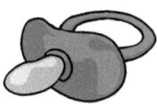

dot

māneklis

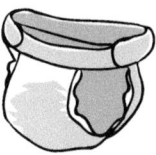

popok

autiņbiksītes

kantor

birojs

server
serveris
lemari arsip
dokumentu skapis
kertas
papīrs
pencetak
printeris
layar
monitors
meja kerja
rakstāmgalds
mouse komputer
pele
tempat pengarsipan
dokumentu vāki
papan tombol
klaviatūra
kursi
krēsls
tempat sampah
papīrgrozs
computer
dators

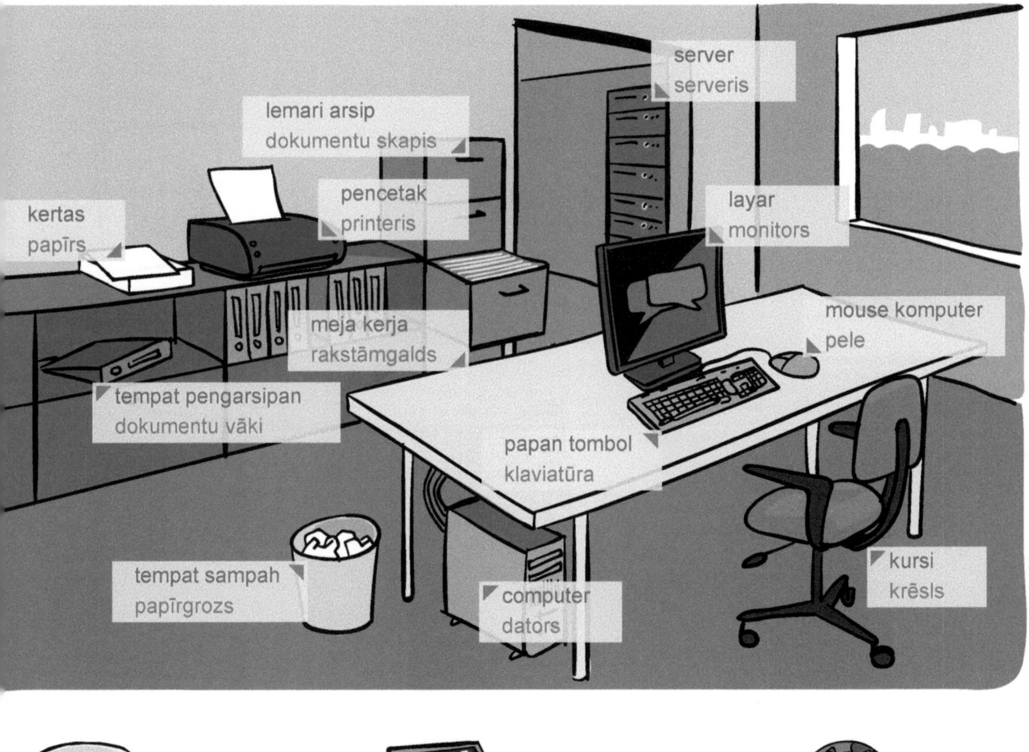

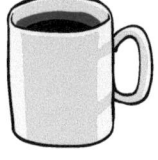

cangkir kopi

kafijas krūze

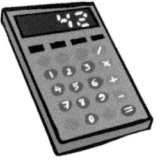

kalkulator

kalkulators

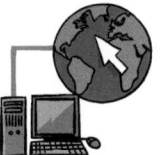

internet

internets

laptop

portatīvais dators

surat

vēstule

pesan

ziņa

telepon seluler

mobilais tālrunis

jaringan

tīkls

fotokopi

kopētājs

software

programmatūra

telepon

telefons

plug soket

rozete

mesin fax

faksa aparāts

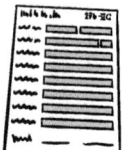

formulir

formulārs

dokumen

dokuments

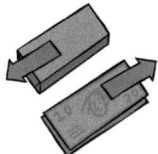

membeli

pirkt

membayar

samaksāt

berdagang

tirgot

uang

nauda

Dollar

dolārs

Euro

eiro

Yen

jēna

Rubel

rublis

Franc Swiss

franks

Renminbi Yuan

juaņa renminbi

Rupiah

rūpija

ATM

bankomāts

kantor pertukaran mata uang

valūtas maiņas punkts

emas

zelts

perak

sudrabs

minyak

nafta

energi

enerģija

harga

cena

kontrak

līgums

pajak

nodoklis

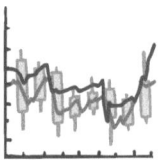

saham

akcija

bekerja

strādāt

karyawan

darbinieks

majikan

darba devējs

pabrik

fabrika

toko

veikals

ekonomi - ekonomika

pekerjaan
profesijas

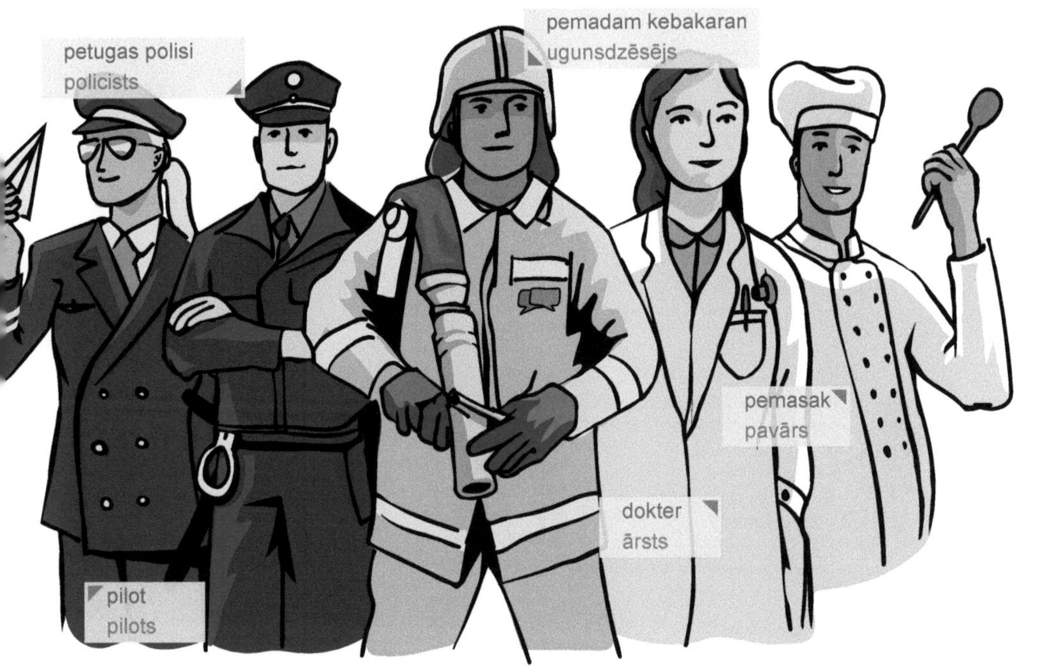
petugas polisi
policists
pemadam kebakaran
ugunsdzēsējs
pemasak
pavārs
dokter
ārsts
pilot
pilots

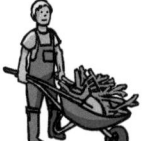

tukan kebun

dārznieks

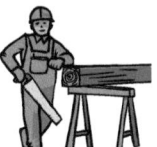

tukang kayu

galdnieks

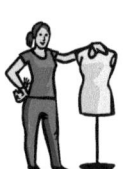

penjahit wanita

šuvēja

hakim

tiesnesis

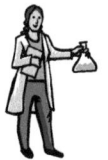

ahli kimia

ķīmiķis

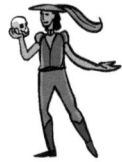

aktor

aktieris

sopir bis

autobusa vadītājs

sopir taksi

taksometra vadītājs

nelayan

zvejnieks

pembantu

apkopēja

tukang atap

jumiķis

pelayan

viesmīlis

pemburu

mednieks

pelukis

gleznotājs

tukang roti

maiznieks

tukang listrik

elektriķis

pembangun

celtnieks

insinyur

inženieris

tukang daging

miesnieks

tukang ledeng

skārdnieks

tukang pos

pastnieks

tentara

karavīrs

arsitek

arhitekts

kasir

kasieris

penjual bunga

florists

penata rambut

frizieris

konduktor

konduktors

montir

mehāniķis

kapten

kapteinis

dokter gigi

zobārsts

ilmuwan

zinātnieks

rabbi

rabīns

imam

imāms

biarawan

mūks

pendeta

mācītājs

alat
instrumenti

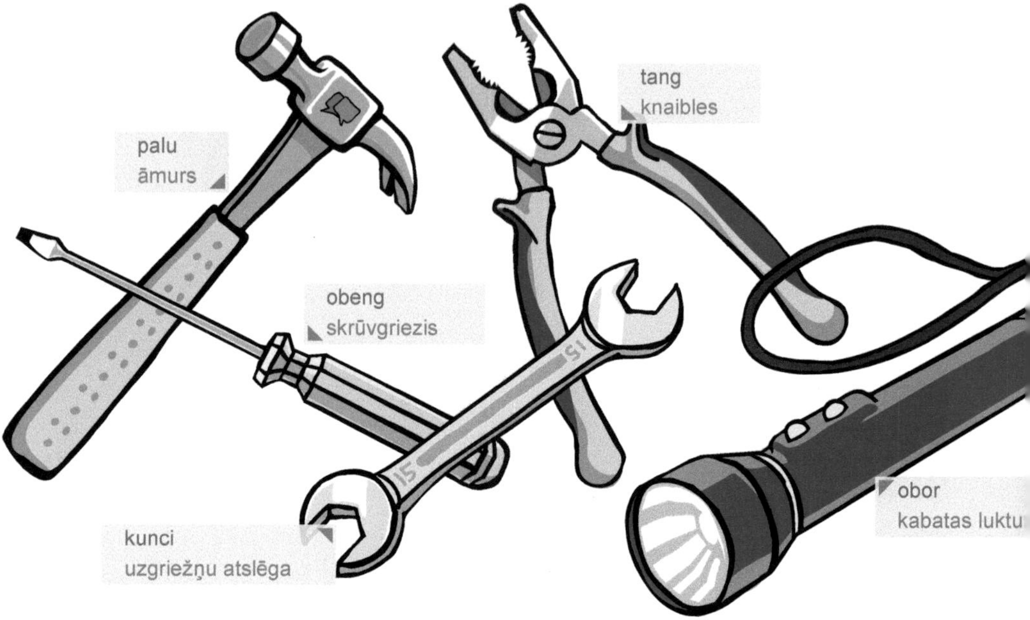

tang
knaibles
palu
āmurs
obeng
skrūvgriezis
obor
kabatas luktu
kunci
uzgriežņu atslēga

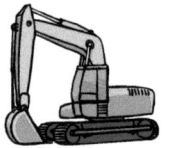

penggali
ekskavators

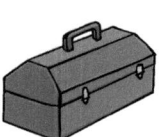

tas perkakas
instrumentu kaste

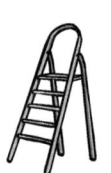

tangga
kāpnes

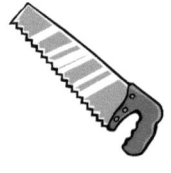

gergaji
zāģis

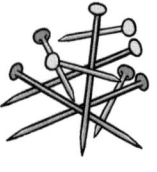

paku
naglas

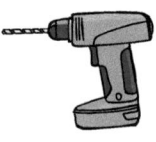

bor
urbis

perbaikan
·················
remontēt

sekop
·················
lāpsta

Sialan!
·················
Velns!

cikrak
·················
liekšķere

pot cat
·················
krāsas bundža

sekrup
·················
skrūves

alat musik
mūzikas instrumenti

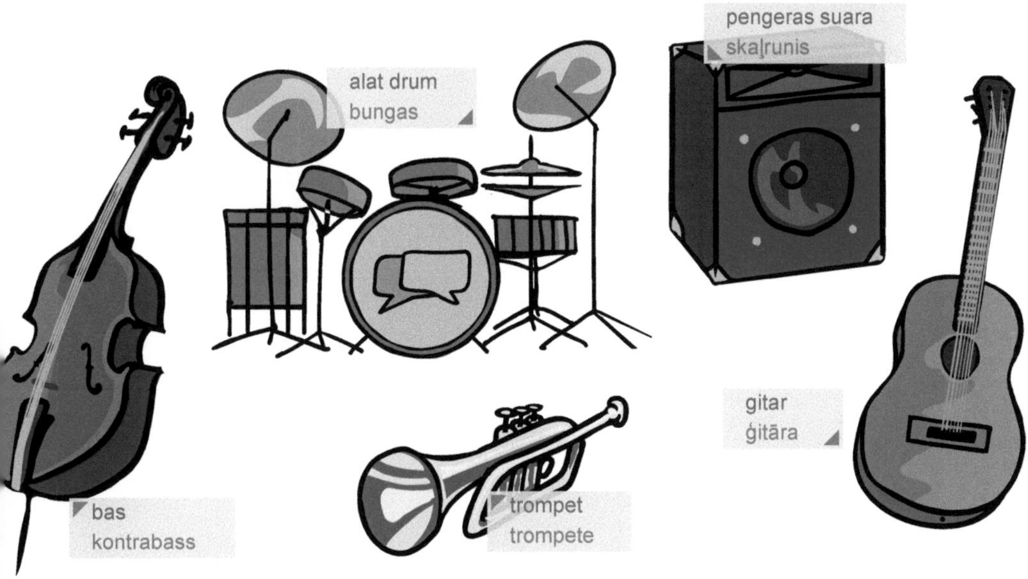

pengeras suara
skaļrunis

alat drum
bungas

gitar
ģitāra

bas
kontrabass

trompet
trompete

piano

klavieres

violin

vijole

bass

bass

tambur

timpāni

drum

bungas

keyboard

digitālās klavieres

saksofon

saksofons

suling

flauta

mikrofon

mikrofons

kebun binatang
zooloģiskais dārzs

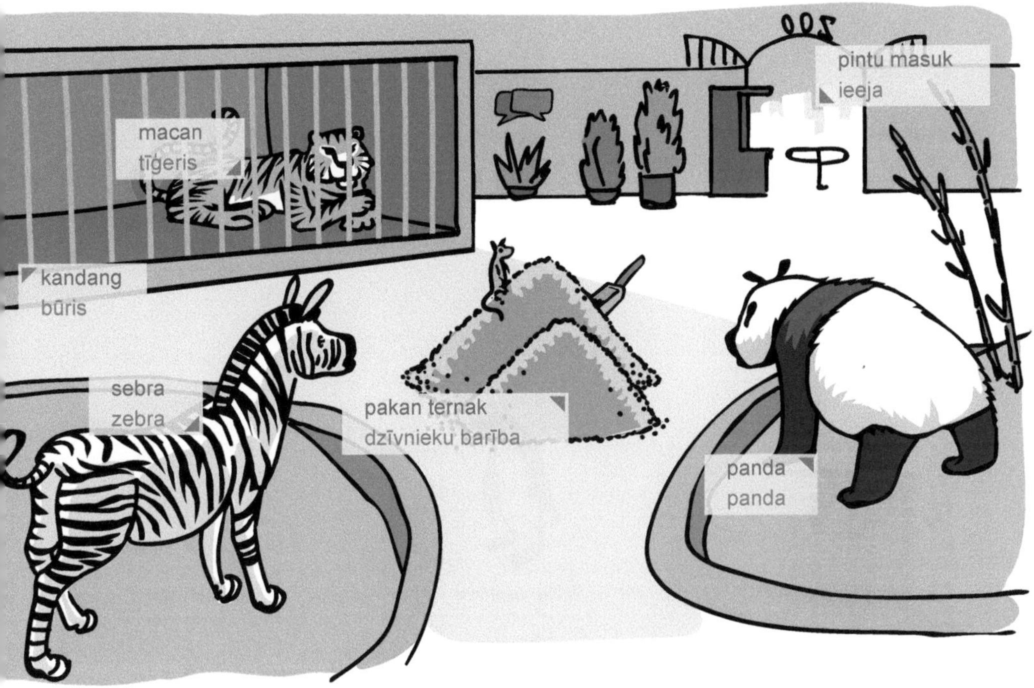
macan
tīgeris
pintu masuk
ieeja
kandang
būris
sebra
zebra
pakan ternak
dzīvnieku barība
panda
panda

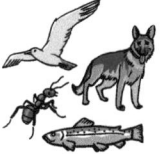

hewan
dzīvnieki

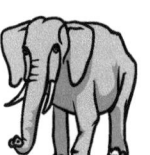

gajah
zilonis

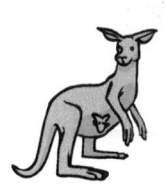

kanguru
ķengurs

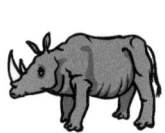

badak
degunradzis

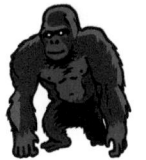

gorila
gorilla

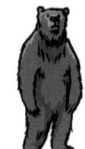

beruang
lācis

unta

kamielis

burung unta

strauss

singa

lauva

monyet

pērtiķis

flamingo

flamings

burung beo

papagailis

beruang polar

polārlācis

penguin

pingvīns

hiu

haizivs

merak

pāvs

ular

čūska

buaya

krokodils

penjaga kebun binatang

zoodārza sargs

segel

ronis

jaguar

jaguārs

kuda poni

ponijs

macan tutul

leopards

kuda nil

nīlzirgs

jerapah

žirafe

burung elang

ērglis

babi jantan

meža cūka

ikan

zivs

kura-kura

bruņurupucis

anjing laut

valzirgs

rubah

lapsa

kijang

gazele

american football
amerikāņu futbols

naik sepeda
riteņbraukšana

tennis
teniss

basketbal
basketbols

bernang
peldēšana

tinju
bokss

hoki es
hokejs

sepak bola
futbols

badminton
badmintons

atletik
vieglatlētika

bola tangan
rokas bumba

main ski
slēpošana

polo
polo

meloncat
lēkt

memeluk
apskaut

ketawa
smieties

berjalan
iet

menyanyi
dziedāt

mengimpi
sapņot

berdoa
lūgt

mencium
skūpstīt

menulis

rakstīt

melukis

zīmēt

menunjuk

rādīt

mendorong

spiest

memberikan

dot

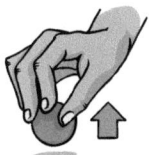

mengambil

ņemt

mempunyai

būt

melakukan

darīt

adalah

būt

berdiri

stāvēt

berlari

skriet

menarik

vilkt

melempar

mest

jatuh

krist

tidur

gulēt

menunggu

gaidīt

membawa

nest

duduk

sēdēt

berpakaian

uzģērbt

tidur

gulēt

bangun

pamosties

melihat
skatīties

menangis
raudāt

mengelus
glāstīt

menyisir
ķemmēt

berbicara
runāt

mengerti
saprast

menanyak
jautāt

mendengar
dzirdēt

minum
dzert

makan
ēst

merapikan
sakārtot

cinta
mīlēt

memasak
vārīt

menyetir
braukt

terbang
lidot

aktivitas - darbības

berlayar

burot

menghitung

rēķināt

membaca

lasīt

belajar

mācīties

bekerja

strādāt

menikah

precēties

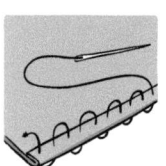

menjahit

šūt

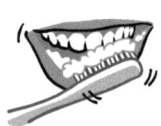

sikat gigi

tīrīt zobus

membunuh

nogalināt

merokok

smēķēt

kirim

sūtīt

keluarga
ģimene

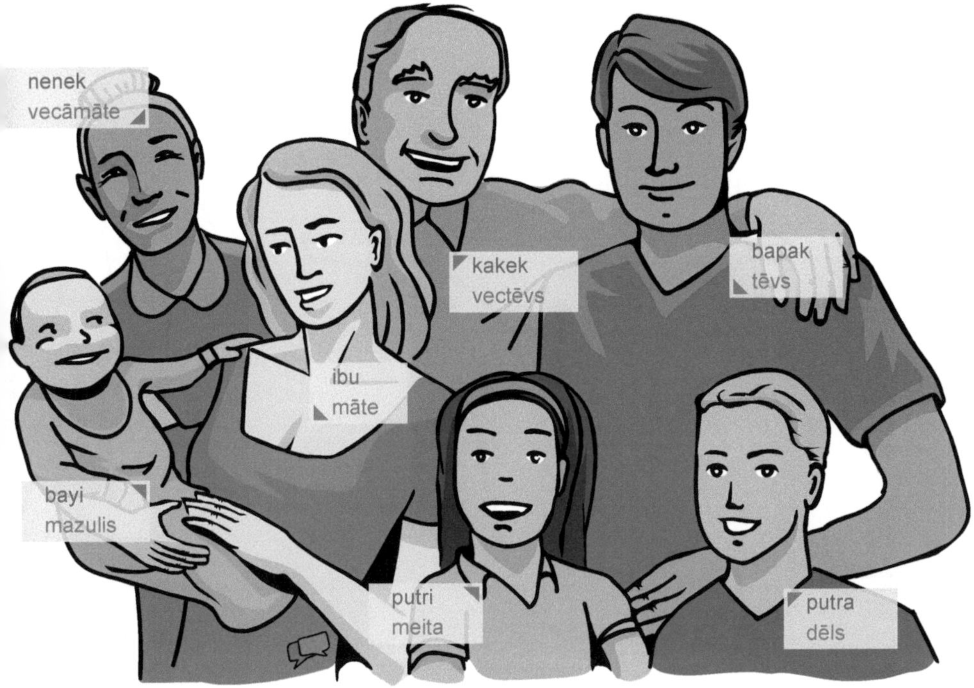
nenek
vecāmāte
kakek
vectēvs
bapak
tēvs
ibu
māte
bayi
mazulis
putri
meita
putra
dēls

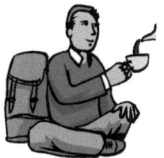

tamu
viesis

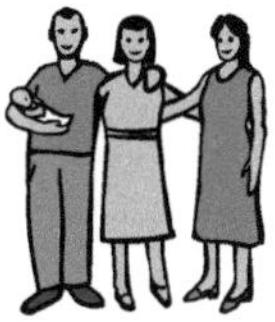

bibi
tante

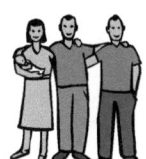

paman
onkulis

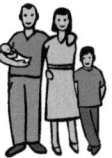

kakak laki
brālis

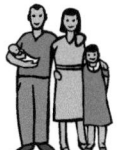

kakak perempuan
māsa

badan

ķermenis

dahi
piere
mata
acs
bahu
plecs
jari
pirksts
muka
seja
dagu
zods
tangan
roka
kaki
kāja
payudara
krūtis
lengan
roka

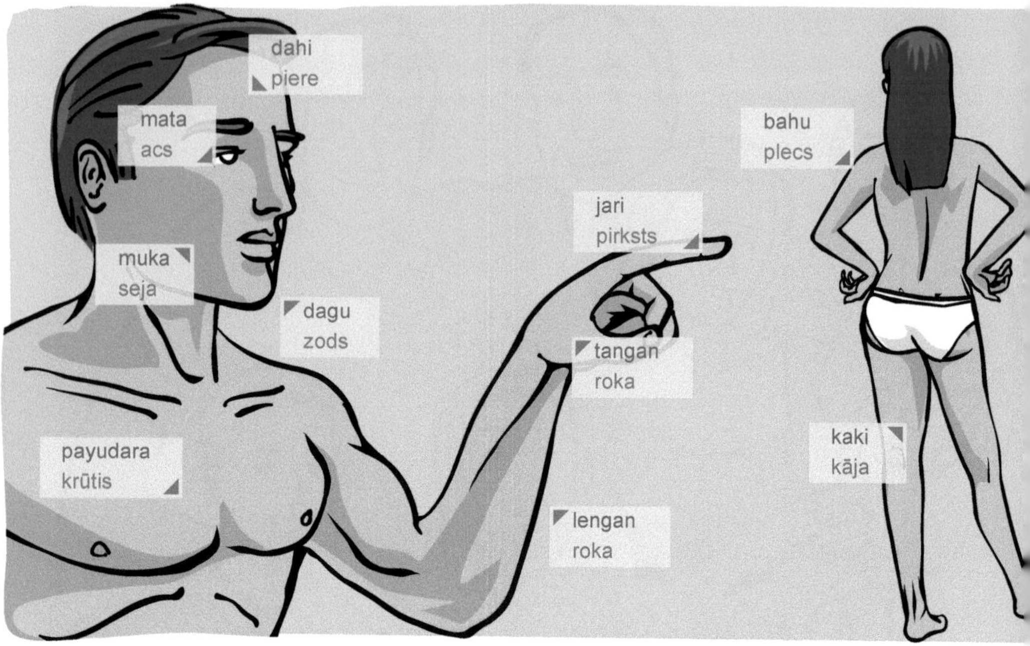

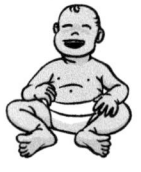

bayi

mazulis

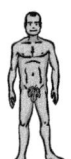

pria

vīrietis

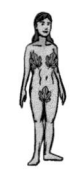

wanita

sieviete

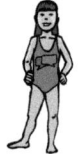

perempuan

meitene

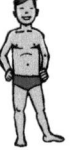

laki

zēns

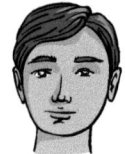

kepala

galva

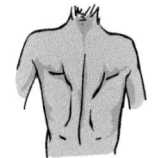

punggung

mugura

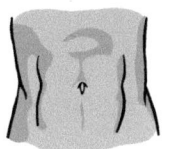

perut

vēders

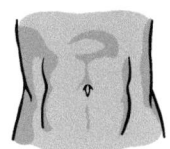

pusar

naba

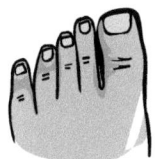

toe

kājas pirksts

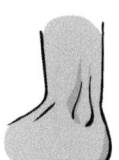

tumit

papēdis

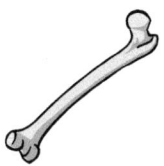

tulang

kauls

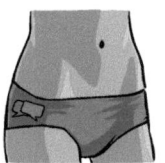

pinggang

gurns

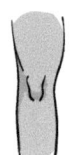

lutut

celis

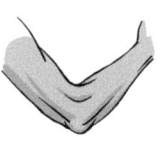

siku

elkonis

hidung

deguns

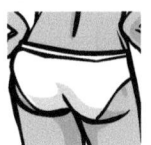

pantat

dibens

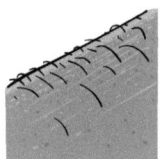

kulit

āda

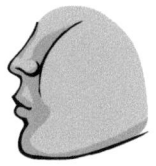

pipi

vaigs

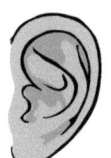

telinga

auss

bibir

lūpa

mulut

mute

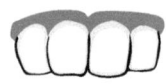

gigi

zobs

lidah

mēle

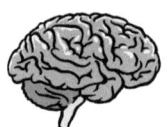

otak

smadzenes

jantung

sirds

otot

muskulis

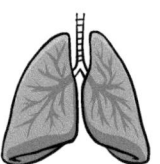

paru-paru

plaušas

hati

aknas

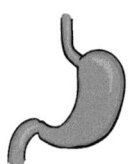

stomach

kuņģis

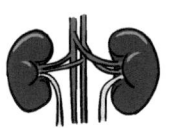

ginjal

nieres

hubungan seks

dzimumakts

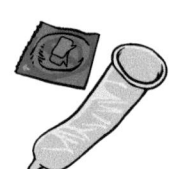

kondom

kondoms

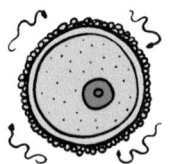

sel telur

olšūna

sperma

sperma

kehamilan

grūtniecība

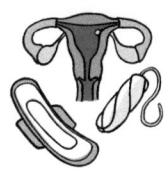

menstruasi
menstruācijas

vagina
vagīna

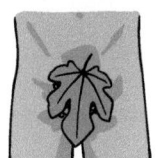

penis
penis

alis
uzacs

rambut
mati

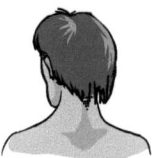

leher
kakls

rumah sakit
slimnīca

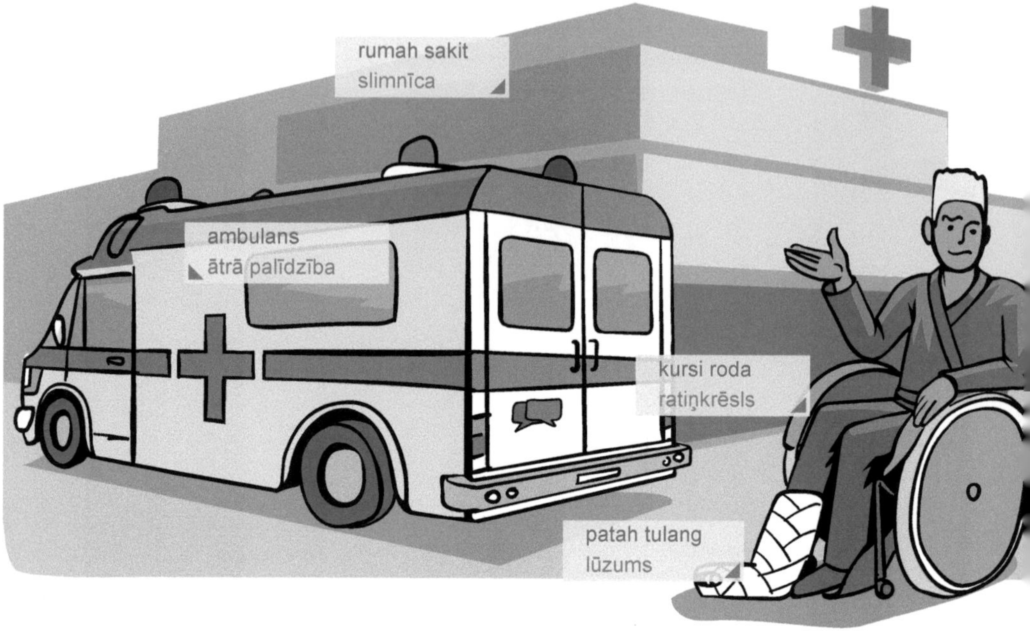

rumah sakit
slimnīca
ambulans
ātrā palīdzība
kursi roda
ratiņkrēsls
patah tulang
lūzums

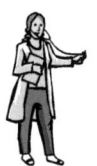

dokter

ārsts

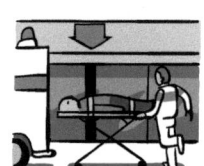

ruang darurat

neatliekamās palīdzības nodaļa

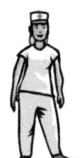

perawat

medmāsa

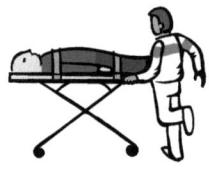

darurat

ārkārtas gadījums

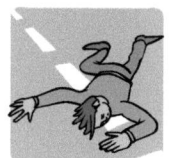

semaput

paģībis

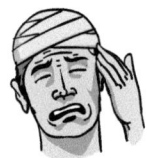

sakit

sāpes

cedera
ievainojums

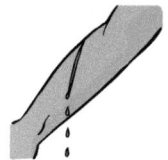

perdarahan
asiņošana

serangan jantung
sirdslēkme

stroke
insults

alergi
alerģija

batuk
klepus

demam
temperatūra

flu
gripa

diare
caureja

sakit kepala
galvassāpes

kanker
vēzis

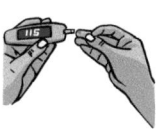

diabetes
diabēts

ahli bedah
ķirurgs

pisau bedah
skalpelis

operasi
operācija

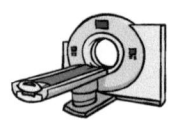

CT

datortomogrāfija

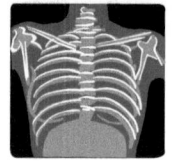

sinar x

rentgents

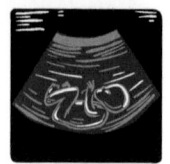

usg

ultraskaņa

topeng

sejas maska

penyakit

slimība

ruang tunggu

uzgaidāmā telpa

penyokong

kruķis

plester

plāksteris

perban

apsējs

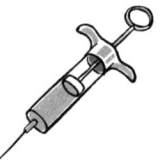

injeksi

injekcija

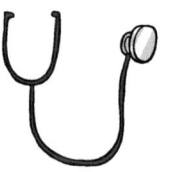

stetoskop

stetoskops

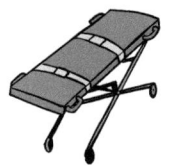

usungan

nestuves

termometer klinis

termometrs

kelahiran

dzemdības

kelebihan berat badan

liekais svars

alat pendengar

dzirdes aparāts

desinfektan

dezinfekcijas līdzeklis

infeksi

infekcija

virus

vīruss

HIV / AIDS

HIV / AIDS

obat

zāles

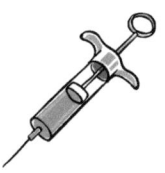

vaksinasi

pote

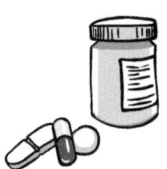

tablet

tabletes

pil

pretapauglošanās tablete

panggilan darurat

ārkārtas izsaukums

ukur tekanan darah

asinsspiediena mērītājs

sakit / sehat

slims / vesels

Tolong!
Palīgā!

alarm
trauksme

penyerbuan
uzbrukums

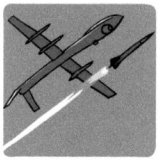

serangan
uzbrukums

bahaya
bīstamība

pintu darurat
avārijas izeja

Api!
Uguns!

alat pemadam kebakaran
ugunsdzēšamais aparāts

kecelakaan
negadījums

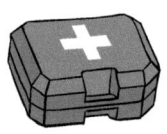

kit pertolongan pertama
pirmās palīdzības aptieciņa

SOS
SOS

polisi
policija

Eropa

Eiropa

Amerika Utara

Ziemeļamerika

Amerika Selatan

Dienvidamerika

Afrika

Āfrika

Asia

Āzija

Australi

Austrālija

Atlantik

Atlantijas okeāns

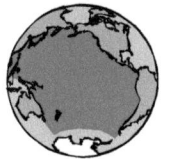

Pasifik

Klusais okeāns

Samudra India

Indijas okeāns

Samudra Antartika

Dienvidu okeāns

Samudra Arktik

Ziemeļu ledus okeāns

kutub utara

Ziemeļpols

kutub selatan

Dienvidpols

Antarktika

Antarktika

bumi

zeme

tanah

zeme

laut

jūra

pulau

sala

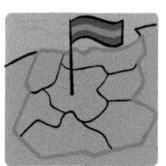

bangsa

nācija

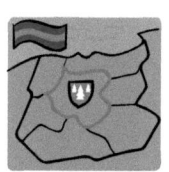

negara

valsts

jam wajah

ciparnīca

jarum pendek

stundu rādītājs

jarum menit

minūšu rādītājs

jarum detik

sekunžu rādītājs

Jam berapa?

Cik ir pulkstenis?

hari

diena

waktu

laiks

sekarang

tagad

jam digital

digitālais pulkstenis

menit

minūte

jam

stunda

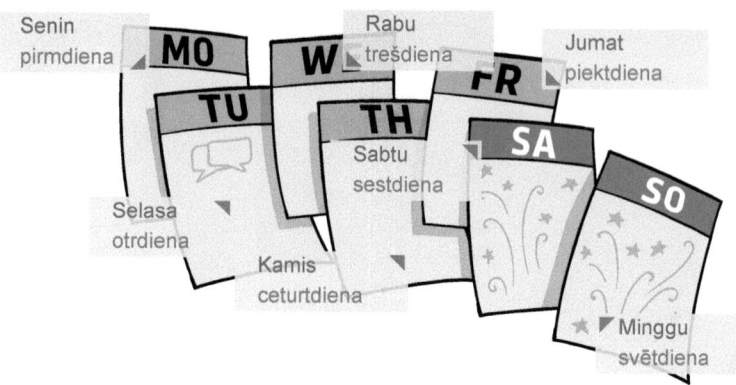

Senin / pirmdiena — MO
Selasa / otrdiena — TU
Rabu / trešdiena — W
Kamis / ceturtdiena — TH
Jumat / piektdiena — FR
Sabtu / sestdiena — SA
Minggu / svētdiena — SO

kemaren

vakardien

hari ini

šodien

besok

rītdien

pagi

rīts

siang

pusdienlaiks

malam

vakars

MO	TU	WE	TH	FR	SA	SU
1	2	3	4	5	6	7
8	9	10	11	12	13	14
15	16	17	18	19	20	21
22	23	24	25	26	27	28
29	30	31	1	2	3	4

hari kerja

darbadienas

MO	TU	WE	TH	FR	SA	SU
1	2	3	4	5	6	7
8	9	10	11	12	13	14
15	16	17	18	19	20	21
22	23	24	25	26	27	28
29	30	31	1	2	3	4

akhir minggu

brīvdienas

tahun
gads

hujan
lietus
pelangi
varavīksne
angin
vējš
salju
sniegs
musim semi
pavasaris
musim panas
vasara
musim gugur
rudens
musim dingin
ziema

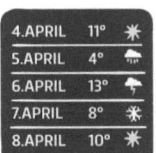

4.APRIL 11°
5.APRIL 4°
6.APRIL 13°
7.APRIL 8°
8.APRIL 10°

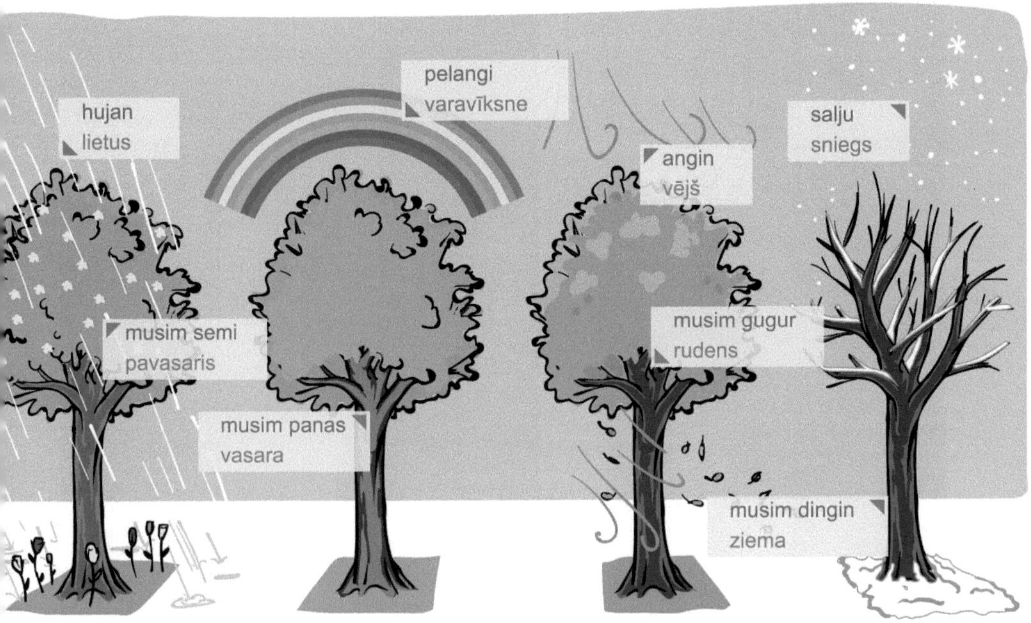

ramalan cuaca

laika prognoze

F C
120 40
90 30
60 20
30 10
0 0
-30 -10
-20

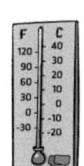

termometer

termometrs

matahari

saules gaisma

awan

mākonis

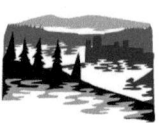

kabut

migla

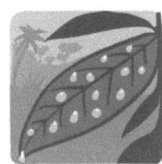

kelembahan

gaisa mitrums

kilat

zibens

guntur

pērkons

badai

vētra

hujan es

krusa

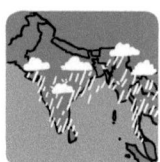

monsun

musons

banjir

plūdi

es

ledus

Januari

janvāris

Februari

februāris

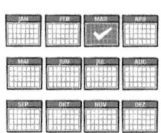

Maret

marts

April

aprīlis

Mei

maijs

Juni

jūnijs

Juli

jūlijs

Agustus

augusts

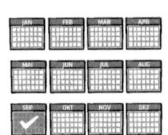

September
septembris

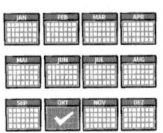

Oktober
oktobris

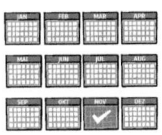

November
novembris

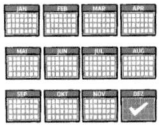

Desember
decembris

bentuk
formas

lingkaran
aplis

persegi
kvadrāts

persegi panjang
četrstūris

segi tiga
trīsstūris

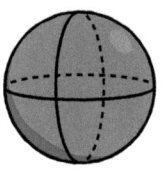

bola
lode

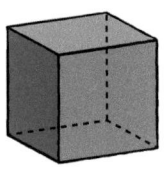

kubus
kubs

putih

balts

kuning

dzeltens

oranye

oranžs

pink

sārts

merah

sarkans

ungu

lillā

biru

zils

hijau

zaļš

coklat

brūns

abu-abu

pelēks

hitam

melns

banyak / sedikit

daudz / maz

marah / tenang

saniknots / miermīlīgs

cantik / jelek

skaists / neglīts

mulaih / selesai

sākums / beigas

besar / kecil

liels / mazs

terang / gelap

gaišs / tumšs

udara laki-laki / saudara perempuan

brālis / māsa

bersih / kotor

tīrs / netīrs

lengkap / tidak lengkap

pilnīgs / nepilnīgs

hari / malam

diena / nakts

mati / hidup

miris / dzīvs

luas / sempit

plats / šaurs

dapat dimakan / tidak dapat dimakan

baudāms / nebaudāms

jahat / baik

nikns / laipns

bersemangat / bosan

satraukts / garlaikots

gemuk / kurus

resns / tievs

pertama / terakhir

pirmais /pēdējais

teman / musuh

draugs / ienaidnieks

penuh / kosong

pilns / tukšs

keras / lembut

ciets / mīksts

berat / enteng

smags / viegls

lapar / haus

izsalkums / slāpes

sakit / sehat

slims / vesels

ilegal / legal

nelegāls / legāls

cerdas / bodoh

inteliģents / dumjš

kiri / kanan

kreisais / labais

dekat / jauh

tuvu / tālu

baru / bekas
jauns / lietots

tidak ada apapun / sesuatu
nekas / kaut kas

tua / muda
vecs / jauns

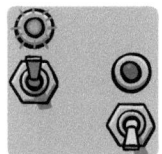

nyala / mati
ieslēgts / izslēgts

buka / tutup
atvērts / slēgts

tenang / keras
kluss / skaļš

kaya / miskin
bagāts / nabags

benar / salah
pareizi / nepareizi

kasar / halus
raupjš / gluds

sedih / gembira
noskumis / laimīgs

pendek / panjang
īss / garš

pelan-pelan / cepat
lēns / ātrs

basah / kering
slapjš / sauss

hangat / sejuk
silts / vēss

perang / damai
karš / miers

0	**1**	**2**
nol	satu	dua
nulle	viens	divi

3	**4**	**5**
tiga	empat	lima
trīs	četri	pieci

6	**7**	**8**
enam	tujuh	delapan
seši	septiņi	astoņi

9	**10**	**11**
sembilan	sepuluh	sebelas
deviņi	desmit	vienpadsmit

12
duabelas
divpadsmit

13
tigabelas
trīspadsmit

14
empatbelas
četrpadsmit

15
limabelas
piecpadsmit

16
enambelas
sešpadsmit

17
tujuhbelas
septiņpadsmit

18
delapanbelas
astoņpadsmit

19
sembilanbelas
deviņpadsmit

20
duapuluh
divdesmit

100
seratus
simts

1.000
seribu
tūkstotis

1.000.000
juta
miljons

Inggris

anglu

bahasa Inggris Amerika

amerikāņu anglu

bahasa Cina Mandarin

ķīniešu mandarīnu valoda

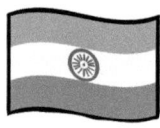

bahasa Hindi

hindi

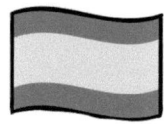

bahasa Spanyol

spāņu

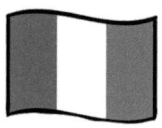

bahasa Perancis

franču

bahasa Arab

arābu

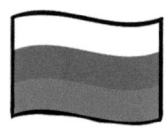

bahasa Rusia

krievu

bahasa Portugis

portugāļu

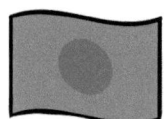

bahasa Bengal

bengāļu

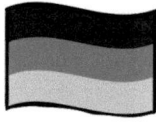

bahasa Jerman

vācu

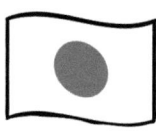

bahasa Jepang

japāņu

saya

es

kamu

tu

dia

viņš / viņa

kita

mēs

kalian

jūs

mereka

viņi / viņas

siapa?

kas?

apa?

ko?

begaimana?

kā?

dimana?

kur?

kapan?

kad?

nama

vārds

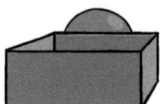

dibelakang

aiz

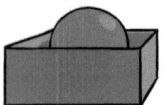

di

iekšā

didepan

priekšā

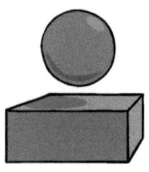

diatas

virs

diatas

uz

dibawah

zem

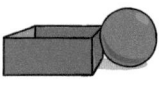

sebelah

blakus

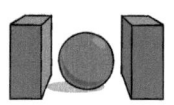

di antara

starp

tempat

vieta